LA ASTRONAVE ENCANTADA

Escrito por Joy Cowley

Ilustrado por E. Silas Smith

Dominie Press, Inc.

Directora General: Christine Yuen
Editor Ejecutivo: Carlos A. Byfield
Diseñadora: Lois Stanfield
Ilustrador: E. Silas Smith

Publicado por:

Dominie Press, Inc.

1949 Kellogg Avenue
Carlsbad, California 92008 EE.UU.

www.dominie.com

Cubierta de cartón ISBN 0-7685-0878-9
Libro encuadernado ISBN 0-7685-0192-X
Impreso en Singapur por PH Productions Pte Ltd
1 2 3 4 5 6 PH 04 03 02

Contenido

Capítulo 1
El naufragio

Desde su nuevo apartamento en el piso 260, Conrado podía ver la astronave estrellada.

La ventana de su recámara quedaba cerca de la pared transparente de la cúpula que cubría la ciudad. Del otro lado de la cúpula había un lago inmenso de polvo marciano y a la orilla del lago rojo había un reflejo de algo plateado.

Cuando Conrado miró hacia el reflejo con los binoculares láser de su mamá, vio que era una astronave vieja de pasajeros con la parte de adelante enterrada en el polvo rojizo.

—¿Viajaste en ese tipo de astronave cuando viniste de la Tierra? —le preguntó a su mamá.

—Ese tipo de astronave no existía en mis tiempos —dijo ella, negando con movimiento de la cabeza—. Hace doscientos años, había una flota de astronaves que viajaba entre la Tierra y Marte. Aún las puedes ver en Astro museos —dijo ella.

Conrado estudió la astronave con los binoculares láser. No parecía ser tan vieja.

—¿Por qué no pusieron ésta en el museo? —preguntó Conrado.

—La usan como depósito —contestó su mamá.

—¿Depósito? —preguntó, mientras enfocaba sus binoculares e inspeccionaba el cercado de alambre alrededor de la nave estrellada—. ¿Quieres decir tesoro? —Continuó él.

—No, desechos tóxicos. Materiales que son demasiado peligrosos para tirarlos. Por eso no se le permite a nadie ir ahí —concluyó ella.

Conrado puso abajó sus binoculares.

—¿Sabes lo que dicen en la escuela?

—¿Qué dicen? —preguntó su mamá, mientras le quitaba los binoculares para guardarlos.

—La razón por la que nadie va ahí es porque ese lugar está encantado

—dijo Conrado—. Está llena de fantasmas de la gente que murió al estrellarse la nave.

—¡Ay, Conrado! ¿De dónde sacas esos cuentos tontos?

—Los otros muchachos me lo dijeron —respondió Conrado—. Dicen que se puede escuchar voces que gritan y que los esqueletos se pasean por ahí.

Su mamá se rió mucho. —¡Qué imaginación! ¿Qué más se van a imaginar? —Le preguntó.

—¡Dicen que es verdad! —aseguró Conrado.

Su mamá se tapó la boca como para dejar de reír. —Conrado, querido, sí murió gente al estrellarse esa astronave, pero no dejaron los cuerpos ahí. No hay esqueletos. No hay fantasmas.

—Pero los muchachos en la escuela . . .

—A veces los padres cuentan historias para asustar a sus hijos para que no vayan a lugares peligrosos —dijo ella, mientras lo abrazaba—. Por muchos años se usó ese lugar para botar desechos tóxicos, material radioactivo y productos químicos para guerras. Cosas de ese tipo. Eso es todo.

Conrado se sintió aliviado y desilusionado a la vez. Algo le decía que la nave estrellada estaba encantada.

—Conrado, hemos atravesado medio planeta para venir a esta ciudad —dijo su mamá—. Vas a una escuela nueva, estás conociendo a personas nuevas y oyendo cuentos nuevos —dijo ella, mientras Conrado encogía los hombros—. Te tomará algún tiempo descubrir la diferencia entre la verdad y la ficción —dijo ella—. Pero te puedo asegurar, Conrado, que yo he estado a cargo de naves de la muerte. Así le llaman a las naves que tienen un pasado trágico. Han muerto personas en esas naves, pero jamás he visto un fantasma.

—Es porque tú no crees en fantasmas —le dijo Conrado.

—Exactamente —dijo ella—. Los fantasmas sólo existen en tu mente.

Capítulo 2

¿Estará encantada?

Gamma era una nueva ciudad marciana, y a Conrado ya le gustaba. Se habían mudado de la colonia Alfa porque su mamá había conseguido empleo en Gamma con una compañía de transporte de carga. Era comandante de la nave galáctica de carga de minerales llamada *El Febo*. Cuando hacía viajes largos, Conrado la acompañaba. Pero si tenía un viaje corto, Conrado se quedaba con su amiga Plata y la familia de ella, la familia Arcos.

Plata era compañera de clase de Conrado, vivía en el piso 89. Desde su apartamento no se veía un panorama, pero era mucho más grande que el de Conrado y tenía una

habitación con juegos de antigravedad. Conrado
y Plata jugaban al fútbol antigravedad en el
aire. Era más difícil que el viejo juego de fútbol
con gravedad. Se pateaba la pelota con
cualquiera de los pies, pero nunca se sabía
dónde iría a parar.

Los padres de Plata eran ingenieros y
trabajaban para la misma compañía que la
mamá de Conrado. También eran recién
llegados a Gamma. La señora Arcos diseñaba
sistemas de enfriamiento para las naves de
carga. El señor Arcos era ingeniero ecológico.
Era responsable del control de aire contaminado.
Tenía que velar que las naves y su carga no
dañaran el ambiente marciano.

Conrado sabía que el señor Arcos salía de
la cúpula todos los meses a recoger muestras
de suelo para análisis. Tal vez sería la persona
más adecuada para preguntarle acerca del
naufragio de la astronave.

—He pasado por ahí un par de veces —dijo el señor Arcos—. Nadie puede acercarse demasiado. Hay un cercado de alambre y carteles que indican *Prohibida la entrada.* De qué sirve mi trabajo —bromeó él.

Conrado no entendió la broma.

—Esa astronave está llena de desechos tóxicos —dijo el señor Arcos.

Plata miró a Conrado. Echó su cabello para atrás. —No. Está encantada —dijo ella.

—Ojalá estuviera encantada dijo el señor Arcos, soltando una risotada—. Los fantasmas son imaginarios. La contaminación es verdadera. Tenemos una nave estrellada llena de desechos tóxicos en nuestro propio patio. Nadie quiere hablar de ello. Los seres humanos no han aprendido la lección aún, a pesar de lo que hicieron en la Tierra.

—Yo pienso que hay fantasmas ahí —dijo Plata lista para llevarle la contra a su papá.

—Plata, mi mamá me dijo que es un lugar donde se botan desechos —dijo Conrado.

—Tiene razón —dijo el señor Arcos—. Está lleno de desechos peligrosos. No debería estar ahí. Deberían llevarla a un satélite desierto.

Plata no se daba por vencida.

—Hay un muchacho en mi escuela que tiene un tío que fue a la astronave y escuchó cosas. Escuchó gritos. La basura contaminada no grita.

El señor Arcos sonrió, —Su traje espacial debe tener oídos grandes —dijo.

Pero a Plata no le pareció graciosa su respuesta. Conrado sabía que ella, igual que él, querían creer que había fantasmas ahí.

Capítulo 3

Lejos de la cúpula

Los trajes espaciales eran superresistentes y muy pesados. Les costó mucho ponérselos.

—¡Casi ni me puedo mover! —se quejó Plata.

—Lo siento —dijo el señor Arcos, aunque no lo sentía—. Si quieren venir conmigo, esto es lo que tienen que ponerse.

—Pero papá, tu traje es liviano —protestó Plata.

—Yo tengo que caminar y buscar rocas para muestras —dijo su papá—. Ustedes van a estar sentados en el vehículo. ¿Quieren ir o no? —preguntó el señor Arcos.

Plata asintió con la cabeza.

—Entonces, pónganse los cascos —dijo

el señor Arcos—. En un segundo vendré a
revisarlos.

Conrado no se quejó. Hacía seis meses
que vivía en Gamma y nunca había salido
de la cúpula. Sí había ido en vuelos de carga
alrededor de Marte con su mamá, pero esos
no contaban. No era como ir en una nave
terrestre a propulsión tumbando por el suelo,
o ir pisoteando en el polvo rojizo.

Él también opinaba que los trajes espaciales
eran ridículos, pero como Plata, tenía un poco
de temor al pensar lo que podría haber en la
nave estrellada. Además, el señor Arcos no
iba a correr ningún riesgo. Al regresar la
mamá de Conrado, el señor Arcos le diría que
había llevado a los niños pero que se habían
puesto los trajes espaciales superresistentes.
La mamá de Conrado estaría muy agradecida.
Pensaría que el señor Arcos era una persona
muy responsable.

Cuando se pusieron los cascos, usaron los botones de control en las muñecas para hablarse. Los receptores de los cascos eran nuevos, de modo que la voz de Plata se oía bien clara.

—Le pedí a papá que parara donde está la nave estrellada —dijo ella.

Conrado apretó el botón de comunicación en su muñeca. —¿Qué te contestó? —preguntó.

—Dijo que ¡sí! —se sonrió Plata.

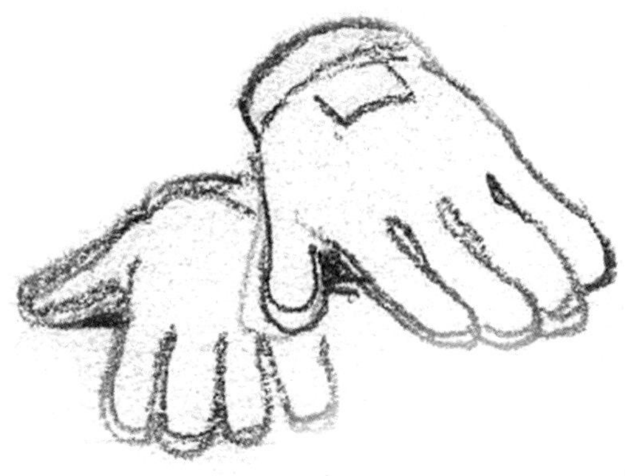

Capítulo 4

La nave de la muerte

El señor Arcos revisó que los cinturones estuvieran bien asegurados, y entonces cerró la cubierta de la nave a propulsión. La máquina se elevó levemente al salir de la plataforma que estaba del otro lado de la puerta del apartamento del señor Arcos, y se deslizó por el edificio.

El señor Arcos, con mucho cuidado, condujo la nave entre los edificios de apartamentos altos, y finalmente hizo aterrizar la nave en el puerto principal. Ahí le enseñó al guardia los permisos de viaje. Pasaron por el puerto hasta la escotilla interior y después a la esclusa de aire. Minutos más tarde, se encontraban bajo la

iluminación fuerte y brillante del día marciano. La nave terrestre de propulsión a chorro se deslizaba por el polvo rojizo con la cubierta cerrada.

Conrado se preguntaba cómo se sentiría andar en Marte sin un traje espacial. Antes, la gente de la Tierra andaba sin trajes espaciales. Su mamá le había dicho esto. En esos tiempos, en la Tierra no había necesidad de vivir bajo una cúpula. La gente podía respirar el aire de la atmósfera e ir de un lado a otro sin trajes espaciales. Conrado sintió escalofrío. Si se quitaba el casco, no viviría más de unos dos minutos.

La nave terrestre de propulsión a chorro pasó zumbando por un lago de polvo. Estaban a unos cuantos pies por encima de la superficie, y la corriente que escapaba de la nave levantaba nubes de polvo rojizo que no dejaban ver la ciudad Gamma. La nave estrellada ya estaba cerca, pero todavía no se podía ver el cercado de alambre.

—Esas eran grandes astronaves en sus tiempos —dijo el señor Arcos—. Exterior antiestático. ¿Ven cómo el polvo no se le pega? Muy fuerte también. No se desintegró al estrellarse —dijo él.

Conrado oprimió el botón que tenía en la muñeca.

—¿Cúal fue la causa del accidente? —preguntó.

—La historia dice que fue un aterrizaje de emergencia. Habían perdido el oxígeno. El capitán puso la nave en piloto automático y ésta aterrizó sola. Ya para entonces, los 360 pasajeros y la tripulación habían muerto —contestó el señor Arcos.

—¿No tenían trajes salvavidas? —preguntó Plata.

—Tal vez había unos cuantos trajes a bordo

—dijo el señor Arcos—, pero no hubiese importado.

Ya podían ver el cercado alto de acero y parte de la astronave.

—¡Mira que grande! —dijo Conrado.

—Ah sí. Es grande —dijo el señor Arcos—. Es más grande que los de carga que comanda tu mamá.

—Mi mamá dice que cuando han muerto personas en una nave, la llaman "nave de la muerte"—dijo Conrado.

—Esta nave siempre será una nave de la muerte mientras esté llena de desechos tóxicos —dijo el señor Arcos.

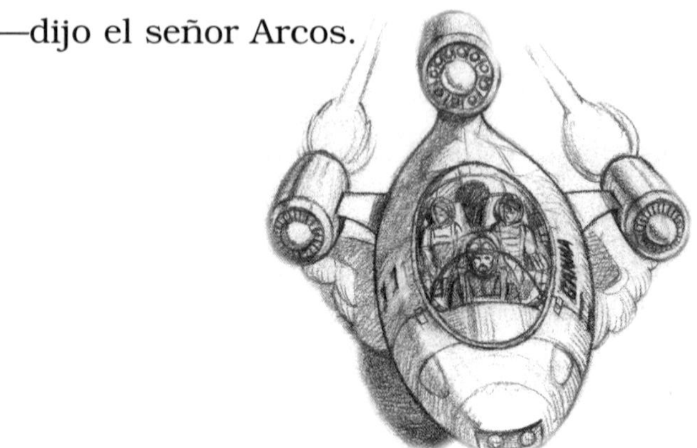

Capítulo 5

En el cercado

El señor Arcos dio dos vueltas alrededor del naufragio.

—¿Ya han visto suficiente? —les preguntó.

—Yo quiero salir —dijo Plata—. Quiero caminar alrededor de la astronave —dijo ella.

—Tenemos que seguir adelante —dijo el señor Arcos—. Tengo que recoger rocas para muestras.

—Tú te puedes ir si quieres y luego nos puedes recoger —dijo Plata.

—Ni lo pienses —dijo el señor Arcos.

—Estaremos bien —dijo Plata—. ¿Qué nos puede pasar?

GAMI

—¿Tú también quieres bajarte? —le preguntó el señor Arcos a Conrado.

—Sí, si no le parece mal —dijo Conrado ansiosamente.

—¡No nos va a pasar nada! —insistió Plata.

Plata tenía razón. Vestían trajes espaciales que los protegían contra el fuego y el ácido. Tenían oxígeno para ocho horas. Si no regresaban a la cúpula en dos horas, los guardas los vendrían a buscar.

El señor Arcos hizo aterrizar la nave sobre el polvo rojo.

—Está bien —dijo el señor Arcos—, los voy a dejar aquí mientras voy a buscar las muestras. Pero voy a tardar media hora y se van a aburrir —dijo él.

—No, no nos vamos a aburrir —dijo Plata mientras se quitaba su cinturón de seguridad.

—Si hay algún problema, llámenme y regresaré al instante —dijo el señor Arcos.

Les ayudó a bajarse de la nave, primero Plata y después Conrado.

—Quiero que me prometan que no van a tocar el cercado —les dijo.

Conrado miró hacia el cercado de acero que dominaba el panorama. El tejido era grueso y lleno de alambres de puntas filosas.

—Le prometo que no —dijo Conrado.

Capítulo 6
El cuidador

Mientras la nave se alejaba velozmente, Conrado se preguntaba si habían tomado una buena decisión. En el horizonte se podía ver la pequeña cúpula de Gamma. Al lado de ellos, una astronave y un cercado amenazante que decía Prohibida la entrada. El resto del panorama era un desierto color rojo.

—¡Escucha! —dijo Plata—.¿Oíste eso?

Conrado sólo podía oír el sonido de su respiración.

—¡Sube el volumen en tu casco! —dijo ella.

Con sus guantes gruesos tocó los auriculares y el control del volumen. Al dar vuelta los botones, oyó un ruido agudo, más

parecido a un chillido que un grito. El ruido
venía de la nave.

—¡Fantasmas! —dijo Plata con ojos que le
brillaban.

Conrado sacó un aparato localizador que
tenía consigo y lo apuntó hacia la nave. Una
luz roja se puso verde cuando las flechas
apuntaban hacia la proa de la nave.

—Creo que el ruido viene de la cabina de
control —dijo él.

—¡Está encantada! —gritó Plata—. ¡Yo lo
sabía!

Trató de acercarse al lugar de donde
provenía el ruido. Conrado la siguió. Sus
trajes eran tan pesados, que era como cargar
un escritorio. Daban cuatro o cinco pasos y
tenían que detenerse para sacar fuerzas.

El chillido se oía cada vez más cerca. Plata
se detuvo de repente. Su guante derecho
señaló hacia la muñeca izquierda.

—¡Se está abriendo una puerta! —le gritó a Conrado.

Tenía razón. A un costado de la nave, no muy lejos de donde estaba enterrada la proa había un abertura oscura. Se abría más y más mientras una rampa se deslizaba hacia el suelo.

—¡Es un fantasma! —dijo Plata con voz aguda.

La figura que apareció no parecía fantasma. Vieron a una persona alta vestida con un traje espacial azul y blanco parado en la puerta.

—¡Ustedes ahí! ¿Qué hacen? —llamó con voz profunda. Luego bajó la rampa y vino hacia ellos.

Conrado habría corrido si hubiera podido. Luego pensó: que tontería, no hemos hecho nada malo.

—Es un guarda —dijo Plata, dando un paso hacia atrás.

—No tiene traje de guarda —dijo Conrado.

El hombre se detuvo al otro lado del cercado. Por entre el tejido de acero vieron su cara en el casco y se calmaron. Tenía piel oscura, con ojos color café y una sonrisa amable. Su voz profunda sonó en sus auriculares.

—Deben haber sido ustedes los que hicieron sonar mi alarma —dijo el hombre.

—Así es que ese fue el ruido que oímos —dijo Conrado.

—¿Es usted uno de los guardas? —le preguntó Plata.

—Soy Gilberto Armando, el cuidador aquí —contestó el hombre—. Mi obligación es protegerles. Tendrán que apartarse un poco del cercado —dijo él.

—No hemos tocado el cercado —dijo Conrado.

—No importa. Ustedes están demasiado cerca —dijo el cuidador—. En esta nave han botado desechos tóxicos. Aquí hay desechos

inestables. No deberían ni estar en esta área.

Plata se paró firme.

—Yo soy Plata Arcos y este es mi amigo Conrado. Mi papá es el ingeniero eco...

—Yo sé quienes son ustedes —dijo el cuidador—. Y tu padre no les habría dejado aquí si supiera lo que hay aquí adentro. Dentro de algunos días cuando haga la prueba de aire contaminado descubrirá que hay altos niveles tóxicos y declararán esta área una zona de desastre —dijo él—. Se llevarán los desechos a un lugar seguro, a miles de años luz de Marte—. Indicó con la mano —Sigan caminando, no paren —continuó.

Dieron otro paso hacia atrás y luego otro.

—Estamos bien señor Armando —dijo Conrado—. Llevamos puestos trajes espaciales de alta densidad, muy resistentes...

Al cuidador no parecía interesarle sus trajes espaciales. Les seguía indicando que se apartaran. Se viraron y empezaron a caminar lentamente: un paso, después otro alejándose del cercado. Cuando miraron hacia atrás, todavía seguía parado el cuidador, señalando con la mano. Su voz, apenas audible por la estática, les decía que siguieran alejándose.

Capítulo 7

¿Fantasmas?

Se aproximó la nave terrestre de propulsión a chorro y se abrió la cubierta. El señor Arcos se bajó para ayudarles a Plata y a Conrado a subirse.

—¿Qué hacían aquí tan lejos? —les preguntó—. ¿Se asustaron de los fantasmas?

—Ja, ja, ja —dijo Plata. Sus piernas le dolían y estaba de muy mal genio— ¡Qué gracioso!

Conrado estaba agradecido por la ayuda. Se dejó caer en el asiento y permitió que el señor Arcos le fijara el cinturón de seguridad.

—Fue el cuidador —dijo Conrado—. Él nos

GAMMA

indicó que nos alejáramos varias millas del
cercado. Bueno, fue como media milla
—agregó.

—Te creo —dijo sonriendo el señor Arcos.

—No papá, no nos crees —dijo Plata—.
Me doy cuenta por el tono de tu voz. Pero
es verdad. El cuidador salió de la nave y nos
gritó y nos indicó que nos alejáramos del
cercado. Tengo las piernas casi fracturadas
del dolor —dijo ella.

—¡Plata, ya, suficiente con esto de
fantasmas! —dijo el señor Arcos—. No hay
cuidador. Nunca lo ha habido. No hay nadie
aquí aparte de nosotros. De todos modos,
nadie puede entrar o salir de la astronave
porque está bien sellada —dijo él.

Plata iba a protestar, pero Conrado la detuvo.

—Lo siento señor Arcos, pero creo que ha
habido una equivocación —dijo Conrado—. La
nave tiene un cuidador. Nos dijo que teníamos

que apartarnos porque había desechos inestables en la nave. Dijo que había peligro aún afuera alredeor del cercado. Dijo que usted iba a hacer una prueba de aire contaminado dentro de unos días —continuó Conrado.

—¿Qué voy a hacer qué? —preguntó el señor Arcos mientras cerraba la cubierta de la nave.

—Dijo que usted iba a descubrir que hay niveles tóxicos altos en la nave. Entonces se llevarían los desechos...

—¡Conrado, ya basta! —dijo el señor Arcos enojado—. Claro que no voy a hacer ninguna prueba cerca de esa nave. Ese no es mi trabajo —dijo golpeando la mano bruscamente sobre los controles.

—¿Los dejo a los dos solos por veinte minutos y salen con esto? —dijo enojado.

—Papá, de veras que dijo...

—¡Ya dije que basta Plata! —dijo el señor
Arcos, mientras levantaba la nave de la
superficie y la ponía en marcha. Con mucha
velocidad cruzó el lago de polvo, dejando
atrás una tormenta de polvo rojizo.

Pero Plata no se daba por vencida fácilmente
aunque Conrado la miraba con alarma.

—Su nombre es Gilberto Armando y no es
imaginario —dijo ella.

El señor Arcos desaceleró la nave.

—¿Qué dijiste? —le preguntó.

—Se llama Gilberto Armando y es...

—¿Quién te dijo eso? —preguntó su papá.

—El señor Gilberto Armando —dijo Plata.

—No, no es cierto —dijo él—. Conrado te
dijo eso porque escuchó a su mamá hablar de
Gilberto Armando.

—No señor —dijo Conrado. Se sentía muy
incómodo. Le gustaba el señor Arcos y no
quería discutir con él.

—Mi mamá nunca ha mencionado ese nombre. Estoy seguro de que no lo conoce. Puede preguntarle si quiere —dijo Conrado.

—¡Claro que le preguntaré! —dijo el señor Arcos.

—Mi mamá ni sabía que había un cuidador en la nave —dijo Conrado.

El señor Arcos aumentó la velocidad.

—No hay un cuidador —dijo el señor Arcos, su voz ya normal—. Y no puede ser Gilberto Armando —dijo volteando la cabeza hacia ellos—. Gilberto Armando murió hace más de doscientos años. Era el comandante de la nave cuando se estrelló.

Hubo un momento de silencio. Conrado y Plata se miraron detenidamente.

—Tal vez —dijo el señor Arcos—, mañana sí haré una prueba para aire contaminado.